너울춤

지성·감성의 메타언어
조선문학사시인선 · 914

너울춤

허 혜 숙 시집

조선문학사

■ 책머리에_시인의 말

첫 시집을 발간하면서

시는 내 마음속 비밀 창고였다.

시는 나의 노래이다. 큰 소리로 부를 수 없는 흥얼흥얼 누구도 알아들을 수 없었던 나의 콧노래였고 내 일상의 메모였다.

나는 표현하고 싶은 많은 내 마음속 노래들을 내 마음속 비밀창고에 모아 두었다. 슬플 때 슬프다고 기쁠 때 기쁘다고 말할 수 있는 대상이 없었기에 나는 한 개 두 개 내 마음속에 조각난 돌멩이들을 이젠 망망대해 끝이 보이지 않는 바다에 놓아주려 한다. 그리고 성난 파도에 씻기우고 씻기워져 모든 뿔 다 제거하고 동글동글 바닷가 백사장 자갈돌이 되어 돌아오길 기대해 보며 첫 시집을 발간하게 되었다. 그동안 방법을 몰라 연말이면 나 혼자만의 연중행사였던 각 신문사 신춘문예 응모…….

이젠 잊기로 했다. 10여 년간 응모했던 많은 습작들이 책으로 출간된다는 사실만으로도 나는 이 세상 모든 것을 다

얻은 기분이다.

  첫 시집을 발간할 수 있게 도와주신 계간시학 박진환 교수님께 감사드리며 앞으로도 내 마음속 둔탁한 나의 노래는 계속 될 것을 다짐해 본다.

2024년 7월

허혜숙

너울춤 차례

책머리에_시인의 말 / 5

가는 길 끝자락에는 / 11
가림막 / 12
가을 길 / 13
가을비 / 14
고향 / 16
그대여 울지 마세요 / 17
그리운 얼굴 / 18
그리움 / 19
기다림 / 20
기도 / 21
길 / 22
꽃나무의 기억 / 24
꽃나무의 눈물 / 26
꽃으로 여는 길 / 27
꽃 이야기 / 28
나를 선택한 당신 / 29
나무 / 30
나 여기 기다리고 있소 / 31
내가 침묵해야 하는 이유 / 32
내 마음속 봄노래 / 34

내 마음의 문 / 36
내 자신의 종 / 37
너 / 38
너울춤 / 39
눈꽃 / 40
눈에 담고 마음에 새기며 / 41
님의 노래 / 42
다짐 / 43
당신께 고합니다 / 44
당신은 아시나요 / 46
당신의 모습 / 48
달의 이야기 / 49
돌아갈 수 없는 길 / 50
돌작밭의 봄노래 / 51
동행 / 52
들꽃 / 53
떨어진 꽃잎 / 54
뜰 앞에 봄노래 / 55
마부 없는 마차 / 56
마지막 잎새 / 57
문수골 봄 이야기 / 58
바닷물에 던져진 돌 / 60
바람의 분노 / 62
바벨탑 / 64
봄밤 / 65
비가 오는 날에는 / 66

비밀 창고 / 68
비 오는 밤 비 개인 아침 / 70
비의 노래 바람의 연주 / 72
빗소리 / 74
빙벽 / 76
사랑 / 78
사랑과 미움 / 79
사랑하는 딸아 엄마는 / 80
삶과 전쟁 / 82
새날의 새 노래 / 83
새벽별 / 84
소나무 / 85
소중한 인연 / 86
신이 내게 묻기를 / 88
아름다운 것들 / 89
아름다운 길 / 90
아침의 찬가 / 92
안부 / 94
어둠의 비밀 / 96
얼굴 / 98
엄마가 지어준 내 이름 석 자 / 100
엄마의 비애 / 102
인생이란 / 104
정복 / 106
지나는 것들의 추억 / 108
천국의 계단 / 110

추수 / 111
추억 / 112
콩알 세기 / 113
태양은 뜬다 / 114
풍경 / 115
하얀 눈 위에 발자국 / 116
행복 / 118
행복했으면 좋겠어 / 119

시집 평설

양극화 시법에의 충실 방점 찍힐 만_박진환 / 122

가는 길 끝자락에는

가끔은 느린 걸음 뚜벅뚜벅
뒷짐도 져보고 뜀박질도 하면서
가쁜 숨 몰아쉬며 가는 길

세월은 이별이란 말로 단련시키고
만남이란 말로 위로하고
이제 상처라는 추억으로 묻으려 하는구나

아름다운 세상 잠시 허공 위에 띄우고
그땐 그랬지 지난 추억 소환하고
미움이 사랑으로 변하니
슬픔이 기쁨으로 변하더라

가는 길 끝자락에는
가끔은 아름다운 꽃길도 걷고
가끔은 울퉁불퉁 자갈길도 걸으며
마른 땅 같은 삶이면 어떠랴
소용돌이치는 물결 같으면 어떠랴
가는 길 끝자락에는
마중 나올 희망이란 님이 있는데

가림막

어두워진 세상
말없는 삶에 익숙해진 우리
제일 두려운 것은 침묵이다

날이 밝으니
빛을 보는 내 두 눈은
차마 뜨지 못하고
손들어 가림막 하는구나

빛을 보지 못함은
어둠이 오랜 세월
나를 가두었기 때문

이젠
서서히 가림막을 거두자
습관처럼 갈망하던 빛에의 그리움
작은 손바닥으로 가리울 수 있을까

가림막을 거두고
이젠
온몸으로 빛줄기를 맞으려 한다

가을 길

노오란 은행잎
한 발짝 두 발짝
내 발길을 따라오는데

빨간 산수유 열매
나뭇잎 사이로 빼꼼히
얼굴 내밀고 묻기를
지금 어디로 가느냐고

가을 길 한켠에 곱게 핀
들국화 꽃잎 위
살포시 앉은 잠자리는
꽃향기에 취한 듯
일어날 줄 모르는구나

가을비

봄 가면
여름 오고
여름 가면
가을이 오는 순리를 좇는 순환의 질서

오고 가는 세월 속에
웃기도 하고 울기도 하며
두 팔 벌려
흠뻑 비도 맞아보고
뜨거운 태양 볕에
하얀 얼굴 그을세라
나뭇잎새로 가리우기도 하고

이제는
차가운 가을비로
퇴색한 잎새를 떨어뜨리려
후드득후드득
마구 뜯어내는구나

나뭇잎이 땅 위에 뒹구는 날

가을비는 또다시 후려친다
바람 따라 어서 가자고
가을비는 추적추적
퇴색한 나뭇잎을 떨어뜨리려
온종일 회초리질을 한다

가을비는
순수했던 봄을
강렬했던 여름을
다채로웠던 가을을 기억한다
힘없이 달려 있는 퇴색한 나뭇잎이
애처로워 흐느끼는 것이다

고향

아버지가 계시고
어머니가 계신 곳
고향으로 가는 길

부모님의 기다림이 있는 곳
자식 된 나의 꿈이
혹여 깨질세라
세상 끝날 날까지
노심초사 기다리는
부모님이 계신
고향으로 가는 길

아들이 돌아오는 날
아버지가 덩실덩실 춤추고
어머니가 홍얼홍얼 노래하리
사랑하는 아들이 돌아왔다고

그대여 울지 마세요

그대여 울지 마세요 내가 위로할 수 없잖아요
고난이란 긴 터널 지나 이제는 빛의 길로
한 걸음 한 걸음 발자국 옮겨요

그대여 울지 마세요
추운 겨울 얼었던 물줄기
도르르, 말았다가 따스한 봄볕 따라
사르르 풀어놓으면 시냇물이 되듯

그대여 울지 마세요
또 하나의 추억을 쌓기 위해
슬픈 일일랑 그저, 가슴에 묻어 버리고

그대여 울지 마세요
우리에게 다가오는 사랑이란 단어를 기억하세요
모든 고난 시련은 사랑을 얻기 위한 과정인 것을

그대여 울지 마세요
찬란한 빛이 그대를 마중할 테니

그리운 얼굴

말을 할 수 없어 마음에 담고
바라볼 수 없어 눈을 감으니
당신의 고운 소리는 귓가를 맴도는데

바람이 되어 찾아오려나
소리없는 침묵 속에
하루가 가고 또 하루가 오건만
그리운 얼굴 고운 당신의 모습은
먼 메아리 같구나

어디서 왔는가
알 수 없는 당신의 모습은
나의 마음속 빛으로 다가와
걸음, 걸음, 발자국마다 그리움 남기는데

오늘도 먼 하늘
눈부신 햇살이 너무 강렬해
실눈 뜨고 한손으로 가림막하여
그리운 마음에
그저 바라만 봅니다

그리움

기다리라는 이야기도
기다리겠다는 대답도
눈으로 답하던
그때를 당신은 기억하시나요

겨울바람 시샘하듯
창문을 흔드는데
바람의 소리마저
당신의 노래인 양
귀 기울이는 나를 생각하시나요

여기에도 저기에도
그리운 당신의 모습 가득한데
가슴속 간직한 추억이
다 헤집고 나와

까치발로 긴 목 내밀고
기웃거리는 내 모습마저 추억이라고
눈물 가득한 눈을 들어
하늘 보는 나를 생각하시나요

기다림

나는
꼭 오라고 약속을 하지 못했다
다시 온다는 약속도 없었다

나는 기다리고 또 기다린다
혹여 오늘 찾아주지 않을까
근심어린 눈빛으로 창밖을 본다

아무런 약속 없이 보낸 님
다시 돌아오라고 약속이나 할걸

약속 없이 보낸 님 뒷모습이 그리워
창밖에 뜨거운 뙤약볕을 본다

흐르는 땀방울 닦으며 드르륵
창문 열고 내 님이 올 것 같아
나는 오늘도 기다린다

기도

이른 아침 아직은
물러서지 않은 어둠의 그림자
적막을 깨는 듯
고요한 교회의 종소리
나를 부르는구나

삐그덕
우리 아기 잠 깰라
조심스레 문 열고 발걸음 옮기며
밤새 고뇌와 전쟁하던
순간 다 던져버리고

총총걸음으로
마음속 빈집을 채우려 나서는 나
어제도 그랬듯이
오늘도 공허한 방황은 멈출 줄 모르는데

꼬오옥 잡아 모은 손
머리 숙이고 눈 감으니
한없는 눈물이 주르륵
나를 위로하는구나

길

캄캄한 어둠 속 두 눈을 떴지만
보이지 않는다
숨이 멎을 듯 답답함에
두 손을 휘저어 보지만 보이지 않는다

발길을 옮겨본다
가끔은 돌부리에 부딪치고
가끔은 물웅덩이에 빠져도 보면서

젖은 옷자락 사이로 스미는
냉기는 나를 움츠리게 한다
어둠이 나를 빛 가운데로 밀어붙이고 사라졌다

잠시 실눈 뜨고 내 발등을 본다
온갖 먼지가 신발 위를 덮고 있다
고통의 터널을 지나온 흔적이다
나는 걷는다 비틀거리며

신발은 먼지투성이요
옷자락은 구정물에 젖어 있어도

외로우면 어떠랴
아름다운 꽃이 있는데 눈물이 나면 어떠랴
스치는 바람이 닦아주는데

가끔은 돌부리에 부딪쳐
뒤뚱 걸음을 걸을지라도
눈에 보이는 아름다운 세상
함께 어우러져 노래하는 이 길을 그냥 걷는다
환한 불빛에 두 눈이 열릴 때까지

꽃나무의 기억

지난겨울 설한풍 몰고 와
숱한 매질을 하던 너를
나는 기억한다

산통을 겪고 잉태한 자식을
아름다운 꽃으로 피울 즈음
예쁘다며 나의 가지를
망설임 없이 꺾던 날의
기억을 잊지 못한다

내 육신의 아름다움이
땅 위에 뒹굴 때
너는 나를 발로 짓이길 것이다
그리고 묵은 때가 가득한
빗자루로 이리저리
날릴 것을 나는 알고 있다

늦은 가을
내가 떨구고 온 열매를 모아
둥굴레 통에 넣고

획, 획
돌릴 것도 나는 알고 있다

또다시
나뭇잎도, 꽃잎도 없는
앙상한 알몸 상태를
설한풍 몰고 와 매질할 것을
나는 알고 있다

내가 이 모든 것을
용서하고 기억하는 것은
모든 삶의 형태가
자연의 섭리와
공존한다는 것을
알고 있기 때문이다

꽃나무의 눈물

온 날을 추적추적 내리는 비
톡, 톡, 떨어지는
소리마저 아름답다

비 오는 소리에
마음 문 살짝 열고
창밖 꽃나무의 흐느낌이 들린다

생기 넘치도록
흠뻑 비를 맞은 꽃나무
시들은 꽃잎을 땅 위에 떨군다

가지를 떠난 꽃잎은 갈 곳이 없다
그저
내리는 비 맞으며
땅 위에 뒹군다

봄이 오면 다시 오마
굳은 약속 하나 남기고

꽃으로 여는 길

아침이면 영롱한 이슬방울들
꽃잎 위에 살포시 걸터앉아
새들의 노래 즐거워 속삭이듯
꽃송이를 적시네

뽀오얀 얼굴 한 소녀는
창가에 두 손 모으고
아름답다, 아름답다
예쁜 미소 머금고

하루하루 가는 세월
추억으로 쌓아가네
꽃이 피고 지는 길

하나하나 기억 속에 가두고
꽃길 따라 걷는 길
끝이 없는 인생길

꽃 이야기

이른 봄 파아란 새싹
입술에 꽃잎 하나
살짝 물고 기어 나와

예쁜 자태 한껏 뽐내며
환한 웃음소리
온 세상이 즐겁구나

해가 지고 달이 뜨고 몇 날을 반복하니
웃음소리 간데없고
원망의 소리 가득하구나

바람을 원망하리까
빗줄기를 한탄하리까
원망도 한탄도 다 부질없는 것

또 하나의 열매를 맺기로
약속 하나 던지고
길가에 뒹구는 꽃잎인 것을

나를 선택한 당신

나를 선택한 당신 죄를 알지 못하는 나
멸망의 길을 막으려
내 마음속 깊은 곳 울림을 주는구나

미움이란 계략을 고깔모자 씌우듯
내 머리 위에 씌워놓고
요리조리 탐하는 자 누구뇨

미워한다는 것은 멸망의 길
나를 택한 당신은 사랑이란 이름으로
기쁨이란 소식으로

돌아오라
멸망의 길에서 돌아오라
마음속 울림으로 다가오는데

나를 선택해준 당신의
고마움에 눈물로 답합니다
사랑할 거라고

나무

설한풍 모진 매질에
작은 신음 소리조차
숨죽이며 아픈 상처
참아내던 겨울이 가고

따스한 봄볕에
얼었던 몸 녹이고

솔바람 불어와
나무 위에 쌓였던 먼지 날리며
내리는 봄비는 나뭇가지마다
묵은 때 씻어내는데

지난겨울
설한풍 모진 매질에도
참아야 했던 이유는
내 안에 간직한 새싹이
쌔근쌔근 잠자고 있기 때문이다

나 여기 기다리고 있소

두 눈은 흐릿해 초점을 잃고
언젠가 찾아줄 그리운 얼굴들

잠시 눈 감고
오늘일까 내일일까
그저 창밖만 바라본다

나는 여기에 이렇게 누워 있는데
사랑하는 이들의
발걸음 끊긴 지 몇 날이 지났을까

오늘 나는 여기서 기다리고 있는데
오늘일까 내일일까
헛된 욕망인 줄 알면서

내가 그토록 사랑했던 많은 사람들
어디 갔을까
내가 여기 이렇게
외로움에 떨고 있는데

내가 침묵해야 하는 이유

내가 침묵해야 하는 이유는
너를 사랑하기 때문이다
내가 침묵해야 하는 또 한 가지 이유는
너를 내가 떠날 수 없기 때문이다

많은 것을 눈에 담고
또 내 입술로 쏟아내지만
눈에 담고 쏟아낸 만큼
나는 침묵해야 한다
이것이 나를 지키는
유일한 통로이기 때문이다

내가 침묵해야 하는 이유는
너에게 받은 많은 사랑의 추억들이
퇴색되어 날아갈까 하는
두려움 때문이다

순간순간을 아름다움으로
장식할 때도 있었고
때로는 아픈 기억도 있었지만

내가 침묵해야 하는 이유는
너의 입술이 가시 돋힌 말들로
나에게 많은 상처를 남길지라도
너와 함께 동행할 수 있는
가장 아름다운 선택이기에
나는 침묵해야 하는 것이다

내 마음속 봄노래

세찬 바람 눈보라가
내 마음속 빙벽을
쌓아 놓았다

사랑이란 이름으로
빙벽을 녹여 보려
힘껏 두드린다

한 방울 두 방울
사랑이란 따뜻함에
빙벽은 녹아내리는데

네가 돌아오는
날이 언제일지
나는 무엇이든
너를 위하여
할 수 있으련만

나조차 이해할 수 없는
너의 언행이

아픈 상처로 남는구나

슬픈 나의 운명이여
환한 빛을 따라 걷지만
내 욕망의 그림자가
오늘도 끝없이
나의 길을 멈추게 하는구나

너와 떨어져 있다는 게
나는 너무 아픈데

내 마음의 문

눈에 보이는 아름다움이
마음의 문을 연다
귀에 들리는 아름다운 소리가
마음을 전한다

모든 자연의 쓸쓸함이
오롯이 마음을 적실 때
나는 지그시 눈을 감는다

외로움을 아는 자만이
즐거움을 아는 것

눈물이 흐르는 것은
나의 마음속 쓸모없는
욕망을 비워내는 것
내 마음속 비워진 공간을 채우려고

내 마음의 문을 살짝 열어놓고서
가끔은 울고
가끔은 웃는 것이다

내 자신의 종

내 자신의 종이 되니
고통이 밀려오는구나
피할 곳이 있더냐
일그러진 얼굴 감출 수 있더냐

내 자신의 종이 되니 신음 소리가 나고
눈물이 못물을 이루는구나
종의 길을 벗어나야 한다

나를 때리는 이가 있으니 나는 그냥 맞으리라
나의 존재가 무엇이뇨
내 자신의 종으로 살았던
한날 한날을 벗어버리기 위해

나는 오늘도 몸부림치는 것이다
미움이란 씻앗은 다 쏟아버리고

사랑이란 나무를 심어야겠다
행복이란 예쁜 꽃 피우기 위해
희망이란 열매를 맺기 위하여

너

이곳엔 너의 숨소리가 있다
이곳엔 나의 그리움이 있다

바람 소리마저 너의 숨소리인 양
내 볼 위를 스치는데
그리움 하나 가득 머금은 나의 모습
너는 기억하는가

잊혀지지 않는 숱한 나날들
나는 이곳에서 너의 숨소리를 듣는다

가끔은 아주 가끔은 끊어질 듯 가냘픈
너의 숨소리가 지난 날 아픈 기억으로 남고

가끔은 아주 가끔은 헐떡이듯 숨가빠하는
너의 숨소리가 나를 향해 달려올 듯해

나는 오늘도 내 마른 입술 속에
하고픈 말 가득 머금고
그저 너의 숨소리를
들으려 귀 기울이는 것이다

너울춤

삶이란 인생이란 너울춤에
함께 율동하는 육신의 언어

양팔 벌려 힘껏 흔들고
다리 한쪽 올리고 또 한쪽
번갈아 올려가며 춤을 춘다

삶이란 인생의 너울춤에 함께 노래하는 것
가끔은 흥겨운 노래에 맞추고
가끔은 눈물나도록
슬픈 노래에 맞추며 너울춤을 춘다

열정을 쏟은 너울춤에 팔다리에 상처가 나고
고통이 밀려와 눈물이 흐를지라도
나는 춤을 춘다 너울춤을

내 입술로 쏟아내고 싶은 많은 이야기들
상처로 되돌아올까 두려워
꼬옥 다문 입술 안에 고이 감추고

눈꽃

하늘에 뿌려진 새하얀 눈 꽃가루
솔 향기 그윽한 소나무 위에 앉았다가

앙상한 가지마다 하얀 눈꽃 피우니
나는 새 지지대며 눈꽃놀이 즐겁구나

길가에 뒹굴던 예쁜 색깔 낙엽은
어디로 떠났는지 새하얀 눈 꽃송이
길 위에 쌓이고

뽀드득 내 발자국 눈 위에
살포시 그려놓고 뒤돌아
추억을 더듬는데

새하얀 눈 꽃송이 내 머리 위에
눈꽃 모자 씌워놓고
겨울로 가는 마차 함께 타고 가자 하네

눈에 담고 마음에 새기며

눈에 펼쳐진 아름다운 세상이
내 마음을 덮고

세월이란 빈 수레는 덜커덩덜커덩
요란한 소리 내며 달려가는데

무엇을 실어볼까 어떻게 끌어 볼까
채울 수 없는 막막함에 그저 한숨짓는데

낙엽은 떨어져 길 위에 뒹굴고
노란 들국화는 짙은 향기 뿜어내고 있구나
하나의 소중한 추억을 간직하기 위해

오늘도 나는 눈에 보이는
아름다운 것들 한 조각 한 조각 곱게 접어
세월이란 빈 수레에 싣고 간다

님의 노래

푸른 파도가 나를 부르누나
하얀 파도가 손뼉 치며 흩어지는데

뭍으로 밀려난
동글동글 자갈돌 위 파도가
사르르 착 사르르 착 노래하는데

갯바위에 걸터앉아
먼 바다 끝자락 바라보니
그리운 님의 얼굴 환상으로 다가와

고운 노래 한 소절 실바람에 실어 놓고
곱게 빗어 내린 머리카락
바람에 휘날리며

귓가에 맴도는 그리운
내 님의 사랑 노래는
작은 소리로 읊조리며
떠날 줄을 모르누나

다짐

외롭다 하니 눈물 나고
그립다 하니 두 눈이 감기지 않고
긴 밤 홀로 서러워
뜬 눈으로 새웠다

어느덧 닭 울음소리에
눈물이 사라지고
그리움이 사라진다
새날이 오는구나

지난밤 무슨 꿈을 꾸었는지
기억조차 없으련만
떠오르는 태양을 바라보며

나는 약속한다
오늘은 잘 될 거라고
오늘은 기쁜 날일 거라고

당신께 고합니다

당신께 고합니다
슬프고 억울하고
짓눌려 괴로울 때
위로받고 싶다고

당신께 고합니다
인내하라 참아라
이것은 답이 아니지요

당신께 고합니다
내 마음 문이 닫혀 있는데
열어 달라고
네 스스로 열어라
이것은 답이 아니지요

당신께 다시 한번
고개 숙여 고합니다
싸늘해진 내 가슴
명치끝이 시리도록 아프다고

당신께 반항하던 내 모습
모두 쏟아내고
또다시 머리 숙여
당신께 고합니다
당신의 위로를 꼭 받고 싶다고

당신은 아시나요

어여 가라고
어여 가라고
손등에 입맞춤하며
멀어진 당신

촉촉한 눈망울 훔치며
뒷걸음치던
돌아서는 나의 모습
당신은 보셨나요

이 순간이 지나면
또 그리워
손가락 하나 둘 꼽아가며
하루하루 보낼 나를
당신은 아시나요

아침에 눈 뜨면
빛으로 오시려나
바람마저 잠이 든 고요한 밤
기별 없이 오시려나

당신의 고운 소리는
하루 온 날을 귓가에 맴도는데
그리운 당신의 모습
하얀 여백 위 촘촘히 메워가는
나를 당신은 아시나요

당신의 모습

어디서 들리는 듯
귓가에 맴도는 소리는
내 마음속 간직한
당신의 노래거늘

잠시도 끊을 수 없어
애타는 마음
눈 뜨면 그리운 모습
잠시 잠깐 떠났다가
또다시 소환하여
마음속에 묻어두고

하루하루 추억담에
해 가는 줄 모르건만
지난밤 고뇌와의 전쟁
단잠으로 다 날려 보내고

동녘 하늘 바라보니
희망이듯 솟아오르는 해

달의 이야기

까만 어둠이 가득한 세상
나의 얼굴에 그려진 쉼을 그리워하는 모습

달님이 살짝 까만 어둠 속
헤집고 나와 하는 말 나와 함께 가자고

희미하게 어둠을 가르고 다가온 달님을 따라
쉼을 찾아 발걸음 옮기니
꿈길이라는 아름다운 정원이 기다리고 있었지

달님이 따라오며 하는 말
이곳이 너의 쉼터라
눈을 감고 생각해 봐 평안하리니

뒤따라오던 달님 평온한 꿈길 함께 거닐며
달님은 한 개씩 두 개씩
자기 몸 떼어내고 있었지

다시 자취를 감추기 위해
내게 쉼이 필요할 때 다시 오마하고

돌아갈 수 없는 길

한 발자국 두 발자국
조심스레 또 한 발자국
뒷걸음치면 넘어질라
그저 앞만 보고 걸었지

이 길로 가면
사랑이 있을까
이 길로 곧장 가면
행복이 있을까
돌아가면 너무 멀어
앞만 보고 걸어온 길

가쁜 숨 몰아쉬며 이마에
흐르는 땀방울 훔쳐내며
세월이란 길 위에
수많은 사연 그려놓고

되돌아갈 수 없는 길
느려지는 발걸음에
야속한 마음만 가득하구나

돌작밭의 봄노래

추운 겨울
하얀 눈꽃으로 다가와
차가운 냉기로
얼음벽 쌓아놓고

한 걸음 한 걸음
자갈밭 지날 때
뾰족한 돌부리
피멍이 들게 하는데

돌작밭 건너 내 님의
손짓하는 모습이 보인다
어서 오라고 어서 오라고
이곳에 봄소식이 가득하다고

따스한 봄볕이 얼음벽을 녹일 것이요
파릇파릇 새싹이
땅속 깊은 잠에서 깨어나
예쁜 꽃 피울 거라고
속삭이고 있다고

동행

당신이 나에게 행복하냐고 물으면
행복하다고 말할 수밖에
내가 당신에게 사랑하느냐 물으면
사랑한다고 대답할 수밖에

살면서 살아가면서
나보다 한 발자국 앞서기를
수없이 반복하던 당신
당신의 그림자 뒤에 숨어
빼꼼히 얼굴 내밀고
당신이 가는 길 어디냐고
물을 수밖에

때론 당신의 뜀박질에
숨 가빠하고
느린 걸음 재촉하며
내 손 잡아끌던 당신
지금 어디로 가느냐고
물으며 따를 수밖에

들꽃

막들 한가운데
무리지어 피어 있는 꽃무리

바람의 노래 따라
떼춤 추듯 꽃물결 아름답구나

색깔이 다르다고
향기가 다르다고 꽃이 아니겠나
무리지어 피어 있어 아름다움 하나 더하고

목소리가 다르다고
춤사위가 다르다고 꽃이 아니겠나
떼창 부르는 모습 즐거워 그리움 하나 더하고

낮에는 눈부신 햇살 손들어 가림막하며
밤이면 별빛 따라 찬 이슬 머금는

막들 한가운데 무리지어 핀
들꽃인 것을

떨어진 꽃잎

몇 날 안 되는 시간 속에
내가 가장 아름다운 줄 알았지
몇 날 안 되는 시간 속에
새들의 소리에 살랑살랑
춤출 수 있었지

살랑살랑 부는 바람
꽃잎을 날리기 시작하는데
예쁘다며 칭찬하던 바람은
땅 위에 구르는 내 모습 보고

가엾어라
예쁜 자태 어디로 갔느뇨
슬픈 노래 한 소절 부르고

심술궂은 바람은 떨어진 꽃잎
이리저리 끌고 다니는데
이듬해 다시 올 거라고
큰 소리 외치며 가는 곳 알 수 없지만
떠날 수밖에

뜰 앞에 봄노래

봄비가 후드득 전주곡을 울리자
울타리를 잔뜩 휘감았던
넝쿨장미가 노래를 한다
지난겨울 너무 추웠다고
지난겨울 너무 아팠다고

그나마 뜰 안쪽 양지바른 곳에
자리잡은 산수유 한 그루가 노래를 시작한다
지난겨울 너무 행복했다고
지난겨울 너무 감사했다고

땅바닥 간신히 헤집고
일어난 파아란 새싹들
각기 이름을 소개한다
나는 냉이, 나는 꽃다지, 나는 미음들레
모두 모여 봄내를 한다

요리조리 얄궂게 부는 봄바람에
때론 슬픈 표정으로
때론 즐거운 표정으로
아름다운 꽃을 피우기 위해 봄노래를 부른다

마부 없는 마차

인생이란
무거운 짐 가득 싣고
세월이란
마차를 타고 가는 것

세월이란 마차는
마부도 없는데
덜커덩덜커덩
잘도 달리는구나

가끔은 꽃길을 달리며
꽃향기에 취해보고
가끔은 장대비 우산도 없이
흠뻑 맞으며 힘차게 달린다

세월이란 마차는
마부가 누구뇨 알 수 없구나
눈에 보이지 않는다고
마부가 없는 것이 아니거늘
덜커덩덜커덩 잘도 달린다

마지막 잎새

따스하던 봄날의 순수함이 사라졌다
뜨거운 여름날 강렬함이 시들어가고 있다
가장 화려한 색깔로
변신했던 나뭇잎도 퇴색하고

세찬 바람 불어와
휙 나뭇잎을 땅 위에 던진다
땅 위에 구르는 나뭇잎들

마지막까지 나무에 매달려
갈 길 정하지 못하고
몸부림치는 마지막 잎새의
처량한 모습이 애처롭다

다들 떠나고 없는데
마지막 잎새 하나
순수, 강렬, 화려했던
추억을 따라 모두 떠나건만
갈 길을 찾지 못해서
겨울비 흠뻑 맞으며 떨고 있는 것이다

문수골 봄 이야기

문수골 골짜기마다
푸른 솔 가득히 메우고
이른 아침 뜰 앞에 나와
먼 산 바라보니
이름 모를 새들의 울음소리
내 귀가 즐겁구나

일터로 나가는 아낙네들은
머리에 예쁜 꽃모자 눌러쓰고
따가운 봄볕에 얼굴 그을세라
한껏 싸매고 일터로 향하는
모습들

진정 이것이 살아 숨 쉬는
우리의 삶이런가
또다시 거리에 나서면
속삭이듯 스치는 봄바람은
솔 향기 가득하고

노오란 산수유 꽃망울 나를 반기며

문수골 봄소식을 제일 먼저 알리네

동네 사람들 옹기종기 모여 앉아
지난 세월 추억담에 두 귀 쫑긋거리며
집집마다 담장 너머로
사랑 노래 넘쳐나는구나

세월아 함께 가자
문수골 아름다운 삶의 이야기 싣고
머리에 예쁜 화관모 쓰고
아름다운 봄소식
전하러 함께 떠나자

바닷물에 던져진 돌

큰 돌 작은 돌
울퉁불퉁 모난 돌
주섬주섬 커다란
주머니에 가득 담아
넓은 바다 언저리에 앉아

서너 개 손에 쥐고
물수제비 띄우고
주운 돌 한 무더기
파도가 넘실대는
푸른 바다 위에 던져놓고

나 홀로 물끄러미 바라보네
어떤 돌은 바닷속
흙더미에 묻힐 것이요
어떤 모난 돌은
성난 파도 너울춤에
부딪치고 또 부딪쳐서
뭍으로 밀려나
자갈돌이 되겠구나

울퉁불퉁 모난 뿔
부서지는 파도에
다, 날려보내고

바람의 분노

성난 바람이 분다
닥치는 대로
이리 던지고 저리 던지고
모래알 한 줌 공중에 날리고
세상을 삼킬 듯 칼춤 추며
잡히는 대로 마구 후려친다

바람아
너의 원망이 무엇이뇨
너의 분노가 무엇이뇨
갓 돋아난 새싹들의
몸부림치며 울부짖는 모습이
가엾지도 않더냐

바람아
이제 그만 잠잠하거라
온 날을 몸부림쳐
세상을 흔들어본들
변한 것이 있더냐
희망이 눈에 보이더냐

그저
이곳저곳 뒹구는
쓰레기 같은 흔적뿐
그 몸부림을 알 리 없거늘

바람아
이제는 잠잠하거라
인생이란
후회라는 근심덩이 하나
등에 업고 가는 것

멈출 때 멈추지 못함은
값없는 몸부림이라
바람아
이제는 분노를 멈추어다오

바벨탑

나는 오늘도
바벨탑을 쌓기도 하고
무너뜨리기도 한다
가끔은 즐거워하고 가끔은 웃어도 보고

뒤돌아 쌓아놓은
바벨탑 위에서 내려다보면
머릿속이 어지러워 빙빙

내가 쌓아놓은
바벨탑이 너무 높아
내려갈 수도 없고

엉거주춤
사다리에 걸터앉아
진땀만 뻘뻘

사심 가득한 이 바벨탑을
무너뜨리는 것이
나의 행복인 것이다

봄밤

밤이 안개를 안고 와서
도르르 말았던 냇물을
사르르 풀어준다

버들가지 손끝으로
간지러움이 피어난다

밤이 바람을 안고 와서
누나 방 창살에 매달려
꽃망울을 건드린다

커다란 눈망울이
터질 듯 부풀어 오른다

비가 오는 날에는

하늘이 울고 있다
즐거이
노래하던 새떼들은
노래를 멈추고
침묵하고 있다

외롭다 하니
더 외롭고
슬프다 하니
눈물이 흐른다
하늘에서 나를 보고
함께 울어주고 있다

함께 울어줄 하늘이 있어
나는 오늘도
서럽게 운다

오늘이 가면
내일이 오고
내일이 오면

또 다른 세상
두 눈에 담고 마음에 새기며

눈물이 흐르면
가장 슬픈 사연을
기쁜 날에는
가장 아름다운 사연을
하얀 여백 위에
메우며 간다

비밀 창고

올 한해 어떤 일이 있을지
알 수 없는 비밀 창고 앞에
기웃거리고 서 있다
비밀 창고의 문이 열리면
과연 무엇이 있을까

나는 모른다
하지만 똑, 똑
끊임없이 나는 노크를 할 것이다
거기 누구 없소
일단은 내가 가는 길이
잘된 길이냐고 물을 것이다

묵묵부답
비밀 창고 앞에서 수없이 두드리는
내 주먹이 벌겋게 달아올라
화끈거릴 때까지
나는 두드릴 것이다

비밀 창고에 숨겨진 비밀이

무엇인지 알 수 없지만
지난해 비밀 창고에 숨겨진 비밀은
절망이었다

나는 또다시
올해는 절망이란 단어를 디딤돌 삼아
희망의 열쇠를 꽂을 것이다
절망이란 비밀이 풀릴 때까지

비 오는 밤 비 개인 아침

비 오는 밤
나는 울었다

새들의 즐거운 노래도
비가 오면
다 숨어버린다

비가 오는 밤에는
내 마음속에도
비가 내린다

밤새 내리던 비 그치고 나면
새들이 즐거이 노래하며
찬란한 빛을 볼 것이다
빛 가운데 서서
나는 웃을 것이다

꽃들은 꽃노래로
바람은 바람의 노래로
새들은 새들의 노래로

나는 행복의 노래로

비 개인 아침
아름다운 노래를
부를 것이다

비의 노래 바람의 연주

세찬 비바람이
어우러져 노래한다
휘, 따다닥

시끄러운 굉음이
머릿속을 흔드는데
이 시끄러운 연주가
끝나기를 기다려본다

인생이란
기쁠 때도 있고
슬플 때도 있는 것
시끄러운 비바람의
연주 같은 것

폭풍이 몰아치고
장대비가 때릴지라도
나는 침묵하고
바라보아야 한다

폭풍이 지나고
장대비 멈추면 바람은
아름다운 속삭임으로
빗소리는 아름다운 노래로

우리 곁을 맴돌 테니까
나는 그저, 침묵하고
폭풍이 지나길 기다리는 것이다

빗소리

봄비 소리는 내 통곡의 눈물
봄비가 내리는 것은
모든 미움을 씻어내리기 위함이다

내 마음속에 더럽혀진 모습
마음 한켠 자리 잡은 미움의 그림자

때론 힘들어 울고
때론 갈 길을 찾지 못해 울고
원망의 통곡 소리 모든 죄악의 합창 소리다

내 마음 응어리진 그 무엇이
한 방울 한 방울 눈물방울 되어 흐르고
비가 오면 새소리마저 들리지 않는데

빗소리는 우리 마음속 눈물이기 때문이다
바람 소리도 빗소리를 대신할 수 없는 것

파란 새싹이 화려한 꽃을 피우고
꽃이 지는 날

한 알의 씨앗을 맺는 날까지
울고 웃기를 반복하는 것이다

빙벽

내가 외롭다고 느낄 때
당신은 더 외로울 것이다
내 입술 속에 감추었던
많은 이야기들
원망도 있을 것이요
사랑도 있을 것이다

원망과 미움의 빙벽을
녹일 힘이 내겐 없다
빙벽에 머리를 부딪쳐본들
내 머리만 깨질 뿐
녹여지지 않는다

단단한 빙벽을
녹일 힘은 따스한 빛이거늘
우리에겐 그 따스한 빛이
멀어진 지 오래
그래도 나는 그 빙벽을
녹여 보려고 몸부림을 친다

빙벽에 머리를 부딪쳐도 보고
손으로 긁어도 보지만
그저 아픈 상처의 자국만 남을 뿐
녹아내리지 않는다

산다는 것은
끝없는 전쟁이다
외로움과 싸우고
그리움과 미움과
사랑과 싸우고
이유 없는 배신과 싸워야 한다

몸이 부서지도록
이리 치이고 저리 치이면서
마음의 빙벽을 녹이기 위해
오늘 나는
전쟁을 치르고 있다

사랑

사랑은
너도 사랑을 느끼고
나도 사랑을 느낄 때 이루어지는 것

사랑은
너도 나를 알고
나도 너를 알고 함께 아파하는 것

속이고 거짓이 드러날 때
정의마저 내려놓은 듯
모든 것이 무너질 때 사랑은 아픈 것

너의 노래 속에는
너와 나의 믿음이 보이고
너의 웃음 속에는
함께 있어 행복함을 느끼고
너의 눈물 속에는 우리의 몸부림이 보인다

오늘 나는
너의 어깨에 살포시 기대어
사랑 노래를 흥얼흥얼 부른다

사랑과 미움

사랑은 기쁨과 웃음소리요
미움은 슬픔과 나의 울음소리다
나는 웃음소리를 내고 싶다
나는 울고 싶지 않다
세월은 추억 마당 한가운데 나를 세워놓고
미움이란 철창 속에 가두려 하고
세월은 또 사랑이란 깃털처럼 포근한
하얀 솜뭉치 펼쳐놓고 여기에 누우라 한다
상처는 내 자신이 내는 것
아픔은 미움이 주는 선물
눈물로 씻어버린 상처의 아픔
사랑이란 솜뭉치 위에 누워 치유하고
나는 또다시 미움이란 철창 속을 기웃거린다
사랑은 기쁜 것 웃음이다
미움은 슬픈 것 눈물이다
내가 택한 것은 사랑이다
내가 버린 것은 미움이다
미움을 버린 것은 울지 않으려는 나의 다짐이다

사랑하는 딸아 엄마는

사랑하는 딸아 엄마는
등대이고 싶었지
망망대해 인생이란 조각배 띄우고
힘껏 노 저으며 다가오는 너를
밝은 빛으로 마중하고 싶었지

사랑하는 딸아 엄마는
우산이고 싶었지
세찬 비바람 몰아치면
우산 속에 너를 고이 감추고
온몸으로 비바람 맞으며
너를 지키고 싶었지

사랑하는 딸아 엄마는
네가 인생이란 짐 꾸러미
힘겹다고 슬픈 표정 지을 때
대신 지고 싶었지

세월은
휙 스치는 바람 같아서

내 머리 위에 하얀 서리 내리고
아무것도 할 수 없는 엄마는
그저 현실이 안타까울 수밖에

삶과 전쟁

무엇을 얻으려는 것일까
목적을 정해놓은 것은 없다
오늘 내가 숨 쉬고 있는
공간이 나의 전쟁터이다

나의 손발이 열심히 움직이고 있지만
오늘도 내가 승리한 삶인지 알 수 없다

그저 오늘 전쟁 중에 얻은 것은 쉬고 싶다
그래서 나는 잠시 휴전을
할 수 있는 밤을 기다린다

또다시 찾아올
내일의 삶과의 전쟁을 대비하기 위하여
나는 가야 한다
가끔은 울고 가끔은 웃고
잠시 쉼을 갖기도 하면서

세월이란 페달을 힘껏 밟으며
내일 삶과의 전쟁을 준비한다

새날의 새 노래

찬란한 아침 햇살이
지난밤 세차게 불던
바람도 잠재우고
아름다운 새들의 노래로 바꾸어 놓았다

꽃들의 환한 웃음소리
아직은 물러서지 않은
어둠의 마차소리
어디로 자취를 감출까
서두르고 있는데

오늘 나는
새날의 새 노래를
부를 것이다

아픔이 오면 아프고
슬픔이 다가오면 눈물로 답하며
아침이면 새날의
새 노래를 부를 것이다

새벽별

어제의 고달팠던
인생의 짐꾸러미
단잠으로 다 던져버리고

이른 새벽 대문 밖에
서성이며 하늘을 보면
무수히 반짝이는 별들의 향연

내 이름은 사랑이라
내 모습은 고난이라
내 발걸음은 인내라

저 멀리 유난히도
반짝이는 별빛 하나
나는 소망이라

입술로는 말하지 않아도
마음으로 통하는 내 인생의 길잡이
내 이름은 산소망이라 외치는 새벽별이 있다네

소나무

산모퉁이 돌아
솔숲 길 거닐다가
소나무에게 묻기를

설한풍 모진 매질이 아프더냐
온몸이 울퉁불퉁 상처 자국뿐이구나
몇 대의 매질이 있었는지
수의 개념마저 잊고 산 듯

그저 울퉁불퉁 상처가 아문 자국
이리 뻗고 저리 뻗고
가지마다 푸른 솔잎 상처를 감싸 안으며

가끔은 바람의 속삭임에 위로받기를
눈물이 푸른 솔 위에 고이는데
설한풍 모진 바람 불어와
눈꽃으로 얼어붙어
눈물조차 흘릴 수 없구나

소중한 인연

나는 당신을 알 수 없어요
당신도 나를 알지 못해요
내가 당신을 알지 못함은
내가 눈을 감았기 때문이에요
당신이 나를 알지 못함은
당신이 귀를 막았기 때문이에요

눈을 뜨고
아름다운 세상을 보아요
귀를 열고
아름다운 소리를 들어요

그저
서로의 마음문 열고
눈에 보이는
아름다운 세상과
귀에 들리는
아름다운 소리를 한데 묶어

나의 마음 당신의 마음

살짝이 열어놓고
문틈 사이로 들여다보면
나는 당신을 기억할 수 있어요
당신도 나를 기억할 수 있어요

신이 내게 묻기를

신이 내게 묻기를
얼마나 힘들었으면
괴물이 되었을까
얼마나 서러웠으면
괴물이 되었을까
얼마나 미워했으면
괴물이 되었을까

내가 신에게 고개 숙여 답하기를
다, 잊어버리겠습니다
의인이 되기 위하여
다, 내려놓겠습니다
의인이 되기 위하여
다, 용서하겠습니다
의인이 되기 위하여

신이 내게 답하기를
너는 행복할 것이라고
나는 너를
영원히 사랑할 거라고

아름다운 것들

이곳이 어디뇨
빛 가운데로다
이 찬란함이 무엇이뇨
이 아름다움이 무엇이뇨
이 세상의 힘이 무엇이뇨

다
흩어지는 먼지 같거늘

꽃이 아름다운 것은
내 마음이 아름답기 때문이요
내 볼 위에 스치는 바람이
살가운 것은
내 마음이 평온하기 때문이다

하늘에 떠 있는 조각구름이
두 눈에 떠 있는 그림 같음은
내가 행복하기 때문이다

아름다운 길

아침이면 영롱한 이슬방울
꽃잎 위에 살포시 내려앉아
새들의 노래 즐거워
속삭이듯 꽃송이를 적시는데

창가에 한 소녀 턱 괴고 앉아
아름답다 예쁜 미소 머금고
하루하루 가는 세월
추억으로 쌓아가며

그리운 얼굴 하나
눈물 속에 묻어 놓고
땅 위에 떨어진 꽃잎을 보는데

짓궂은 바람 불어와
휙
데려가고 마는구나

꽃이 피고 지는 길
하나하나 기억 속에 가두고

꽃길 따라 걷는
끝이 없는 나의 길

아침의 찬가

꿈길을 인도하던
어둠이 간다고 하네
붉은 태양이 서서히
기지개 켜고 일어나
온 세상을 비추고

꽃잎 위에 이슬방울
새들의 노래소리
바람의 속삭임
모두가 흥얼흥얼
아침의 찬가 부르는데

나도 목소리
한껏 높여 부르는 노래
오늘은 행복하자고
오늘은 감사하자고

인생길 힘들어
가끔은 찡그리지만
오늘은 웃어보자고

먼 하늘 우러러
두 손 모으고 다시 외치길

오늘은 행복하자고
오늘은 감사하자고

안부

지난밤 잘 잤는가
서서히 어둠이 걷히고
붉은 태양이 창을 밝히며
안부를 묻는다

새들이 조잘조잘
지난밤 꿈 이야기를 나눈다
뜰앞 풀잎 위 이슬방울들이
반짝이며 태양을 맞는다

지난밤 고개 숙이고
어둠이 물러가기를
고대하던 꽃잎도
태양을 따라 고개 돌린다

나는 창문을 열고
눈물 머금은 풀잎
고개 숙인 꽃잎
조잘대는 새 떼들에게
안부를 묻는다

지난밤 잘 잤는가고

풀잎이 답하기를
나는 너무 슬펐다고
또르르
눈물방울 떨어뜨리고
고개 숙인 꽃잎은 태양을
향해 살포시 고개 돌리며
어둠이 두려웠다고

새들의 조잘거림에
귀 기울이며
붉은 태양에게 묻기를
내일 아침이면
또다시 올 것이냐고

어둠의 비밀

해님이 뉘엿뉘엿
숨바꼭질하며 숨어버리고
캄캄한 어둠이
온 세상을
고요 속에 묻어놓고 묻기를

오늘 하루 어떠했냐고
어떤 이는 후회를 말하고
어떤 이는 칭찬을 말하고
어떤 이는 슬픔을 말하고
어떤 이는 기쁨을 말하고
어떤 이는 감사를 말할 것이다

어둠은 우리를
밤이라는 비밀의
정원으로 데리고 가
비밀의 정원에 놓여진
꿈길이라는 아름다운 길
온 밤을 거닐며

이야기할 것이다
우리 모두 행복하자고

얼굴

뽀오얀 분칠하듯
하얀 얼굴
손가락 하나둘 꼽으며
별을 세던 너는
내 곁에 없고

마음속 한자리
그리움으로 남아
이날일까 저날일까
너의 얼굴 마주할 날

가끔은 두 손 모아
턱 괴고 앉아
장난기 가득한 표정으로
오늘을 답하고
내일을 물으며

예쁜 미소로
눈 맞춤하던
뽀얀 너의 얼굴

꿈길에나 만나려나
눈 감아보지만

긴 밤 지나 새벽녘
닭 울음소리에
그리움만 더하는구나

엄마가 지어준 내 이름 석 자

울 엄마가
지어준 내 이름 석 자

어릴 적
가슴 한켠 내어주며
사랑스런 눈빛으로
살포시 불러주던 내 이름 석 자

키가 조금 자라
넓은 세상
망아지처럼 뛰놀 적에도
비 맞을라 우산 씌워주고
애타게 불러주던 내 이름 석 자

들풀처럼 살아온
바람처럼 달려온 육십 년 세월
울 엄마 가시고
이제는
내 이름 석 자만 남았네

그래도
울 엄마 생각날 적마다
가만히 불러보는
내 이름 석 자

아무도 불러주지 않는

엄마의 비애

죄가 많아서
해준 게 너무 없어서
한마디 안부조차
물을 수 없는
어이없는 엄마

눈물이 나면
닦아줄 이 없거늘
오늘 엄마는
사랑하는 딸 아이들
얼굴 그리며
눈물 한 바가지
뒤집어쓰고

아무것도 할 수 없는
현실이 너무 아파서
가슴에 대못 하나
또 박는다
쿵, 쿵

아파도 아파할 수 없는
나의 신음소리
엄마의 처지를
이 빈 공간에 채워가며

세월이란 수레 위에
딸아이와의 많은 추억들
가득 싣고 떠났지만
이제는 후회라는
짐더미 속에 감추고 간다

인생이란

인생이란 커다란
동그라미 그려놓고
그 안에 갇힌 자 되는 것

한 발짝 뛰면
선을 넘을 수 있건만
추억 하나, 둘 쌓아가며
잇대어 가는 것

높은 산이 두렵더냐
무섭게 쏟아지는
장대비가 아프더냐
아무도 대답할 수 없는 길

인생이란 동그라미 안에
모두 담아놓고
당신 그리고 나는
침묵으로 대신할 수밖에

미워할 때 미움인 줄

알았는데 사랑이더라
슬퍼할 때 흘린 눈물이
슬픔인 줄 알았는데
기쁨이더라

사랑을 알고 기쁨이 오면
행복인 것을

정복

두 발로 걸어 오를
힘이 없어 무릎 굽혀
나는 기어오른다
비 오듯 흐르는 땀
온몸을 적시고

마음속엔 슬픔이 가득한
눈물로 채우고
끝이 보이지 않는
저 산을 넘을 것이다

언젠가
평지가 나올 때까지
넘고 또 넘을 것이다
가끔은 힘들어 울고
가끔은 기쁨에 웃으며

오늘도 나는 산을
정복하려 준비 중이다
인생이란 산행길

추억이란 발자취 남기고

가끔은 뒤돌아
후회를 기록하며
이 산을 넘을 것이다
평지에 이를 때까지

지나는 것들의 추억

비 오는 길가에 뒹구는
낙엽도
소리 내어 울부짖는
바람의 소리도
한 걸음 한 걸음 내딛는
내 발걸음 소리도

흐르는 세월의 말없는
침묵도
아파했던 만큼 사랑할 수 있는
추억이 되리오

눈시울 붉히며 먼 하늘 바라볼 때
흐르던 눈물방울이
깊은 곳 마음의 상처
치유할 것이요

얼어붙어 녹을 줄 모르는
마음속의 빙벽도
사랑이란 이름으로

녹일 수 있으련만

오늘도 나는 먼 하늘
반짝이는 별들의 향연 속에
슬픔도 아픈 상처의 기억도
다 날려보내고

세월이란 수레 위에
마음의 짐 실어 놓고
힘겨운 걸음마 시작하리오

천국의 계단

한 계단 또 한 계단
다정히 손잡고 오르기를
잠시 가쁜 숨 몰아쉬며
살포시 기댄 나를
다정한 눈빛으로 화답하고

또다시 한 계단 두 계단
손잡고 오르기를 수없이 반복하며
뒤돌아보기 두려워
하늘 향해 가는 길

나를 두고 홀연히
당신 홀로 가는구려
오를 계단 내 몫으로 남겨두고

한 계단 두 계단
눈물로 덮어가며
이제는 가슴에 묻고
나 홀로 오르려오

추수

주운 것은 가치가 없으니
따는 것이 가치가 있다

나무에 끝까지 달려 있는 것은
진정한 추수가 아니다
농부가 열매를 따야
진정한 추수인 것이다

어디엔가 붙어 있어야 한다
어디엔가 붙어 있어야
나무요, 가지요, 가지에 달린 열매요
이 열매를 따는 것이 추수다

추위도 더위도 견뎌라
비바람도 병충해도 견뎌라
추수군의 말이다

우리는 추수꾼의 선택을 받기 위해
오늘도 인내하는 것이다

추억

그대 나를 기억하는가
네 눈 속에 비친 내 얼굴
네 귀에 작은 소리로 읊조리던
내 이야기 기억하는가

작은 바람의 노래도
따스한 봄볕도 다 너를 위한 선물이거늘
너는 아는가 나는 기억하는데

세월은 세월은 내 머리 위 하얀 서리 내리고
비 오는 날에는 비를 맞으며
바람 불면 바람 맞으며
뒤엉킨 머리카락 가다듬고

하늘 향해 두 팔 벌리고
인생이란 너울춤에 함께 춤추는 나를
당신은 생각하는가

콩알 세기

콩알을 센다
한 알 세고
생각에 잠기고
두 알 세고
후회하고
세 알 세고
눈물 흘리고
네 알 세고
흐르는 눈물 훔치며

한 움큼 움켜쥐고
휙 땅바닥에 흩어놓고
내가 걸어온 길
되돌아갈 수 없어
그저
눈물 한 바가지
정수리에 붓는다

태양은 뜬다

꼬옥 감았던 눈을 뜨니
찬란한 태양이
눈이 부시도록 아름답구나

아름다운 빛이여
너의 모습을 보기 위해
두 눈을 꼭 감고
어둠 속을 헤매였던가

내가 갇힌 자 되었을 때
대답하는 이 없었고
내가 상념에 빠질 때
동행하는 벗이 없어서

시린 기억
눈물 한 바가지 선물하고
내 마음속 가르침을 주는구나
아침이면 태양이
또다시 환한 빛으로
너를 찾아줄 거라고

풍경

차창 밖으로 펼쳐진 풍경
들녘에는 죽은 자 같이
바싹 마른 풀잎이 누워 있다

바스락 바스락
밟으면 내는 소리
생을 마감한 듯

모두가 고개 숙이고
바람 소리마저 풀잎을
흔들어 보지만
그냥 흩어지고 마는구나

그래도
푸른 소나무는
꿋꿋이 제자리를 지키고
설한풍 매질에도
신음 소리마저 입막음하며
푸른빛을 간직하고 있구나

하얀 눈 위에 발자국

하얀 눈이 소복히 쌓이던 날
한 발자국 또 한 발자국
뒤돌아 확인하고 또 한 발자국
남겨진 자국 안에 새겨진
추억의 향기 가득한데

먼 하늘
살며시 드러낸 해님의 얼굴
활짝 웃는 미소가
또박또박 그려놓은
눈 위에 발자국 지우누나

새하얀 눈 위에
남겨놓은 내 발자국
그리고 당신의 발자국
심술궂은 해님이
휘저을라 조심스레

시린 발끝 냉기 느끼며
다시 한번 그려보는

하얀 눈 위에 내 발자국
당신의 발자국
그리고 나란한 우리 발자국

행복

내가 행복한 것은
밥상머리에 마주 앉아
내 이야기 들어주는
당신이 있기 때문이다

내가 행복한 것은
내가 웃을 때 함께 웃어줄
당신이 있기 때문이다

내가 행복한 것은
내가 슬플 때 함께 울어줄
당신이 있기 때문이다

가끔
살짝 눈꼬리 올리고
손짓, 발짓, 온몸 던져 이야기하는
나를
그윽한 눈빛으로 바라보는
당신이 있기에
나는 행복한 것이다

행복했으면 좋겠어

새날을 노래하는 새들도
붉은 장미꽃 위에
영롱한 물방울도
새날의 아침 행복을 노래하듯

나를 기억하는 모든 이들은
사랑했으면 좋겠어
행복했으면 좋겠어

정오쯤 이글대는
태양빛 아래
아팠던 기억
용서하지 못한 마음
뿌리째 태워버리고

평온한 꿈을 꿀 수 있는
밤을 기다리는 우리는
사랑했으면 좋겠어
행복했으면 좋겠어

시집 평설

■ 시집 평설

양극화 시법에의 충실 방점 찍힐 만

박진환
(시인·문학평론가)

1. 전제

80여 편의 시를 파트 구분 없이 가나다순으로 수록한 시집 『너울춤』은 허혜숙 시인이 등단 전후에 걸쳐 쓴 시편들로서 시인의 습작기의 충실을 읽게 해주고 있다.

수록 시편들을 일별하면서 맨 먼저 눈에 띈 것이 희망·빛·사랑·행복·그리움과 같은 묵시적 이미지로서의 시어들이었다.

묵시적 이미지는 악마적 이미지의 상대개념으로서 일반적으로 선을 함의하고 있다. 그리고 선은 행복과 동류항으로 받아들이고 있다. 이른바 아리스토텔레스가 행복이란 선이다라고 피력했던 것과 같은 맥락이다. 칸트가 도덕적 형이상학의 기초에서 선으로 간주된 것은 단 하나 착한 의지 이외의 것을 생각할 수 없다고 피력한 착한 의지도 다름 아닌 선의 다른 표현이었다고 할 수 있다는 점에서 동류항에 편입시킬 수 있을 것으로 본다.

이러한 담론을 끌어들이는 데는 이유가 있다. 시란 달리 이미지로 불릴 수 있고, 시의 새로운 재료는 이미지이기 때문이다. 그리고 이미지는 창조·개조·파괴·모순도 될 수 있다는 점에서 묵시적 이미지와 반대개념인 악마적 이미지를 전제하지 않을 수 없다는 이치를 성립시킨다.

달리 말하면 묵시적 이미지로 형상화된 시의 이면에는 개조·파괴·모순과 같은 묵시적 이미지의 반대개념이 발상으로 작용할 수 있었다는 또 다른 이치를 성립시킨다.

이 점에서 보면 허혜숙 시인의 묵시적 이미지들은 그 반대개념인 악마적 이미지의 선행에서 시를 출발시켜 묵시적 이미지로 승화시켰다는 창조 경로를 읽을 수 있게 한다는 점을 간과할 수 없게 한다.

묵시적 이미지로서의 희망·빛·사랑·행복·그리움에 대응되는 악마적 이미지는 희망에 대응했을 때는 절망이 되고, 빛에 대응시켰을 때는 어둠이, 사랑에 대응시켰을 때는 미움이나 증오가, 그리고 그리움에 대응시켰을 때는 단절과 고독 같은 것들로 대체될 수 있게 된다.

  이러한 지적은 단순한 이론상의 것일 수도 있고, 동시에 실제적일 수도 있게 되는데 허혜숙 시인의 시집 『너울춤』은 두 이미지의 합작이라는 양면성을 지니고 있어 후자쯤의 조명이 더 설득력을 지닐 수 있을 것으로 여겨진다.

  시집으로 돌아가 보기로 한다. 시집 『너울춤』 시편들은 많은 시편이 빛과의 상관성에서 시를 출발시키고 있고, 또 빛의 이미지로 형상화되어 있다. 그런가 하면, 희망과 사랑·행복에의 추구이거나 열망에서 시를 출발시키고 있는가 하면 그리움이란 대상에의 동경이나 그리움이 환기시키는 사랑·미련·아픔 같은 것들에서 시를 출발시키고도 있다.

  문제는 이러한 묵시적 이미지의 형상화와는 달리 많은 시편이 묵시적 이미지와는 상대개념이거나 대응 또는 대립되거나 모순된 개념에서 시를 출발시키고 있어 두 이미지의 양면성으로 형상화되어 있다는 점이다.

  이러한 양상은 시법 상으로 양극화로, 심리학적으로는 양가치 현상으로 풀이될 수 있게 하는데 이 두 양면성을 시를 제시, 구체화했을 때 허혜숙 시인의 시집 『너울춤』은 그 본태를 드러낼 것으로 여겨진다.

2. 묵시적 이미지의 시편들

전제에서 제시했듯이 묵시적 이미지는 선으로 대표되는 이미지다. 그의 시에 즐겨 동원되고 있는 희망·빛·사랑·행복·그리움과 같은 시어들이 함의하고 있는 묵시성이 그러한데 이와 반대개념인 악마적 이미지로서의 시어 절망·어둠·미움·불행·고독 같은 시편들은 허혜숙 시인의 시가 양극화 내지는 양면성을 그 본질로 하고 있다는 것을 말해준 것이 된다. 시를 제시했을 때 이 점 보다 극명해질 것으로 본다.

2-1 희망의 양면성, 혹은 양극화

희망을 강한 용기이며 새로운 의지라고 피력한 것은 마틴 루터다. 그런가 하면 생명이 있는 한 희망이 있다고도 하고, 희망을 일컬어 해는 또다시 떠오른다고도 한다. 그런가 하면 인간의 희망은 절망보다도 격렬하다고도 했다. 각기 표현은 달라도 희망을 생명과 등가치로 풀이한 데는 같음을 보여주고 있는데 희망이 곧 생명의 불꽃으로서의 내연성을 갖고 있기 때문이다.

허혜숙 시인의 경우 희망은 여러 모습으로 형상화, 제시되고 있다. 시 「가는 길 끝자락에는」의 종연 '가는 길 끝자락에는/ 마중 나올 희망이란 님'으로 희망이 제시되고 있고, 시

「바람의 분노」에서는 '바람아/ 이제 그만 잠잠하거라/ 온 날을 몸부림쳐/ 세상을 흔들어본들/ 변한 것이 있더냐/ 희망이 눈에 보이더냐'고 설의하면서 희망에 회의적 태도를 보여주기도 한다. 그런가 하면 시 「내 자신의 종」에서는 '사랑이란 나무를 심어야 겠다/ 행복이란 예쁜 꽃 피우기 위해/ 희망이란 열매를 맺기 위하여'라고 희망에의 열망을 토로하기도 한다.

허혜숙 시인에게 있어서의 희망은 이렇게 '마중 나올 님', 회의적인 희망, 그리고 '열매'로 희망이 구가되고 있다. 표현은 각기 달라도 희망의 묵시성과 함께 긍정적 이미지로서의 선과 등가성을 갖는 대상으로 희망이 형상화되고 있다.

문제는 이러한 희망이 시인이 실현하고, 실현되기를 열망하는 성취욕의 적극적 추구와는 달리 그 근저에는 희망에 대칭되는 '절망'이 자리하고 있다는 점이다. 절망은 희망의 반대 개념이면서 묵시성에 대응되는 악마적 이미지다.

키르케고르에 의하면 여기에서 절망은 고독과 동의어가 되는데 고독과 절망이 한 뿌리에서 태어난 쌍생아란 뜻이 된다. 희망이란 절망의 등에 업혀 사육된다는 사실과도 연유한다. 동전의 양면성 같은 것, 곧 절망이 있기에 희망이 있다는 등식이다. 시를 제시해 본다.

비밀 창고에 숨겨진 비밀이
무엇인지 알 수 없지만
지난해 비밀 창고에 숨겨진 비밀은
절망이었다

나는 또다시
올해는 절망이란 단어를 디딤돌 삼아
희망의 열쇠를 꽂을 것이다
절망이란 비밀이 풀릴 때까지

 시 「비밀 창고」의 4, 5연이 보여주고 있는 절망과 희망의 등식에, '올해는 절망이란 단어를 디딤돌 삼아/ 희망의 열쇠를 꽂을 것이다/ 절망이란 비밀이 풀릴 때까지'란 시행이 말해주는 '절망'과 '희망'의 양극화를 보여주고 있다. 그리고 이러한 양극화는 서로 대립·상충·상반의 이미지들을 병치시켜 긴장·불안·갈등의 요소들을 고조시켰다가 이를 해소시키는 양극화의 시적 효용과도 무관하지 않다는 점은 허혜숙 시인의 시를 지켜볼 수 있게 하는 방점 부분이 될 것으로 보여진다.

2-2 빛의 양극화

빛은 어둠에 대응되는, 어둠을 밝힌다는 선의 묵시성 때문에 구원까지를 시사하는 묵시적 이미지다. 20세기의 모더니스트들이 빛을 상실하고 살아가는 정신적 가치의 도괴를 사양(斜陽) 의식으로 제기하면서 그 구원으로 지성을 빛의 광원(光源)으로 제기했던 것도 같은 맥락의 묵시적 이미지 제시였다. 엘리엇이 『황무지』에서 '무너진다 무너진다 런던다리가 무너진다'라고 도괴 되어가는 정신적 사양을 절망으로 제시했던 것과 20세 지성들이 이 어둠을 광원인 지성의 빛으로 구원하고자 했던 것이 모더니즘이었다는 연계성과도 무관하지 않다.

이렇게 보면 '희망'과 '절망'이 그러했듯이 빛과 어둠도 동전의 양면처럼 등을 맞대고 있는 것이 된다. 어둠이라는 절망 없이 빛의 귀함을 알 수 없는 것과 같은 맥락이다.

허혜숙 시인의 경우 유독 빛의 시어들이 많다. 시집 전체의 명암이 밝음 7, 어둠 3의 비율 정도로 빛과 어둠이 양면성을 드러내고 있는데 시를 제시해 보기로 한다.

시 「가림막」에서는 '가림막을 거두고/ 이젠/ 온몸으로 빛줄기를 맞으려 한다'고 빛맞이를, 시 「그대여 울지마세요」에서는 '고난이란 긴 터널을 지나 이제는 빛의 길로/ 한 걸음 한 걸음 발자국 옮겨요'라고 빛을 향해 나아가는 빛에의 지향으로, 시 「그대의 얼굴」에서는 '오늘도 먼 하늘/ 눈부신 햇살'에의 태양바라기로, 시 「길」에서는 '함께 어우러져 노래하는 이 길을 그냥 걷는다/ 환한 불빛에 두 눈이 열릴 때까지'라고 내면의 개안에 의해 열리는 빛을 맞이하고자 하고 있다.

이러한 빛과 빛으로밖에 녹일 수 없는 빙벽이라는 양극화의 시편 「빙벽」은 빛과 구원의 시사를 암시적으로 제시해 주고 있다.

   원망과 미움의 빙벽을
   녹일 힘이 내겐 없다
   빙벽에 머리를 부딪쳐본들
   내 머리만 깨질 뿐
   녹여지지 않는다

   단단한 빙벽을
   녹일 힘은 따스한 빛이거늘
   우리에겐 그 따스한 빛이
   멀어진 지 오래
   그래도 나는 그 빙벽을
   녹여 보려고 몸부림을 친다

시 「빙벽」에서 읽을 수 있듯이 빛과 얼음이라는 상반·상충의 대립성 이미지가 나란히 병렬되고 있다. 빛이 없이는 녹일 수 없는 빙벽은 희망과 절망의 다른 표현일 수도 있고, 희망에 의해 절망은 극복될 수 있다는 시사도 될 수 있고, 더 나아가서는 빛에의 도전이라는 구원에의 몸부림을 보여는 것이 되기도 한다.

예시 「빙벽」 역시 빛과 얼음이라는 양극성의 이미지를 제시, 빛에의 갈구와 갈구를 통해 획득된 빛만이 빙벽을 녹일 수 있다는 절망의 극복의지와 구원의식을 동시에 제시해 주고 있다는 점에서 시의 양극화 현상이라고 할 수 있다.

예시 외에도 시 「새날의 새 노래」, 「새벽별」, 「아름다운 것들」, 「아침의 찬가」, 「태양은 뜬다」 등의 시편들이 시의 양극화로 형상되어 있다.

2-3 그리움의 양극화 시편들

전장 빛과 어둠과 같이 「그리움」 시편들도 많은 시역을 차지하고 있는데 느끼기엔 망부사(亡父詞)나 망부가(亡父歌)가 아닐까 하는 느낌을 갖게 한다. 그리고 허혜숙 시인에 있어서의 그리움은 전장의 '희망', '빛' 시편들이 절망과 싸우고 어둠과 싸우면서 희망과 빛을 추구, 구원을 시사했듯이 그리움도 같은 맥락의 해석이 가능할 듯싶다.

J. 파울은 "우리들이 쫓겨나지 않아도 되는 유일한 낙원은 그리움"이라고 했다. 낙원에서 살아갈 수 있는 영주권이 그리움이란 등식이다. 상사일념이란 말이 있다. 오직 님 그리는 마음을 두고 한 말이다.

 허혜숙 시인의 많은 시편이 그리움으로 점철돼 있는 것은 그 소이가 가신 부군에 대한 연모의 그리움 때문일 듯싶기도 하고, 달리는 절망을 딛고 희망을, 어둠을 극복하고 빛을 촉구함으로써 구원에 이르듯 그리움의 낙원의식과 연계맥락이 잇대어 있지 않을까 하는 추측이 어렵지 않기 때문이다.

 시 「그리운 얼굴」에서 '오늘도 먼 하늘/ 눈부신 햇살이 너무 강렬해/ 실눈 뜨고 한 손으로 가림막하여/ 그리운 마음에 그저 바라만 봅니다'가 환기시키는 망부에의 그리움, 시 「그리움」에서 '그리운 당신 모습 가득한데/ 가슴속 간직한 추억이/ 다 헤집고 나와'에서 볼 수 있듯이 헤집고 나올 만큼 가슴에 가득차 범람하는 그리움, 그리고 시 「기다림」에서 '흐르는 땀방울 닦으며 드르륵/ 창문 열고 내 님이 오실 것 같아/ 나는 오늘도 기다린다'의 그리움이 수반한 연민 등은 다 가신 부군에 대한 버리지 못한 미련과 연모의 정을 표출하는 연군사(戀君詞) 같은 것들이다.

 아침에 눈 뜨면

빛으로 오시려나
바람마저 잠이 든 고요한 밤
기별 없이 오시려나

당신의 고운 소리는
하루 온 날을 귓가에 맴도는데
그리운 당신의 모습
하얀 여백 위 촘촘히 메워가는
나를 당신은 아시나요

예시는 「당신의 모습」 일부다. 사별한 남편을 '오시려나' 하고 기다리는 부질없음을 알면서도 못 잊어 그리는 '그리운 당신의 모습'에서 '오실 수 없음'과 '기다림'은 상반·상충의 양극화다. '그리운 모습'과 '고운 목소리'도 양극화의 상반의 요소를 지니고 있다. 이러한 상반·상충의 이미지를 병치시켜놓고 그리움이란 정서의 호소력으로 합일시킴으로써 보고 싶은 그리움을 카타르시스하는 양극화다.

2-4 사랑과 행복의 시편들

끝으로 간과할 수 없는 시역으로 사랑·행복을 제시하지 않을 수 없을 것 같다. 시 「나를 선택한 당신」, 「사랑」,

「사랑이란」, 「신이 내게 묻기를」, 「지나가는 것들의 추억」이 환기시키는 사랑은 여러 경로로 제시되고 있다. 나와 당신의 선택에서, 지나간 추억, 그리고 신에게 묻기까지의 사랑으로 사랑의 본질은 물론, 가연의 궁합마저 다하지 못한 미련과 슬픔과 그리움과 여러 감정들의 상호 호소력으로 제시되고 있는데 한 편의 시를 제시, 이에 대한 부연을 대신하기로 한다.

> 사랑은 기쁨과 웃음소리요
> 미움은 슬픔과 나의 울음소리다
> 나는 웃음소리를 내고 싶다
> 나는 울고 싶지 않다
> 세월은 추억 마당 한가운데 나를 세워놓고
> 미움이란 철창 속에 가두려 하고
> 세월은 또 사랑이란 깃털처럼 포근한
> 하얀 솜뭉치 펼쳐놓고 여기에 누우라 한다
> 상처는 내 자신이 내는 것
> 아픔은 미움이 주는 선물
> 눈물로 씻어버린 상처의 아픔
> 사랑이란 솜뭉치 위에 누워 치유하고
> 나는 또다시 미움이란 철창 속을 기웃거린다

사랑은 기쁜 것 웃음이다
미움은 슬픈 것 눈물이다
내가 택한 것은 사랑이다
내가 버린 것은 미움이다
미움을 버린 것은 울지 않으려는 나의 다짐이다

시의 제목이 말해주듯이 '사랑'과 '미움'이 병치되어 양극화로 형상화되고 있다. 미움과 사랑의 궁극에는 하나로 합일된다는 이 시의 등식은 시인이 카타르시스의 시적 효용을 실천하고 있구나 하는 것을 읽게 해주고 있는데 양극화의 실천에 값하고 있다고 여겨진다.

다음으로 '행복'의 시편들을 제시해 본다. 시 「바벨탑」, 「아름다운 것들」, 「어둠의 비밀」, 「행복」, 「행복했으면 좋겠어」가 말해주고 있는 행복쌓기, 아름다움으로서의 행복을 제시하며 '행복했으면 좋겠다'고 행복을 추구하는 행복 열기는 역시 한 편의 시로 제시해 보기로 한다.

나는 오늘도
바벨탑을 쌓기도 하고
무너뜨리기도 한다
가끔은 즐거워하고 가끔은 웃어도 보고

뒤돌아 쌓아놓은
바벨탑 위에서 내려다보면
머릿속이 어지러워 빙빙

내가 쌓아놓은
바벨탑이 너무 높아
내려갈 수도 없고

엉거주춤
사다리에 걸터앉아
진땀만 뻘뻘

사심 가득한 이 바벨탑을
무너뜨리는 것이
나의 행복인 것이다

  시 「바벨탑」에서 제시되고 있는 '행복의 탑 쌓기'와 '허물기', 무너뜨림으로써 행복이 되는 '사심 가득한 바벨탑'에서 상반·상충의 양극화를 읽게 하는데 이쯤에서 마무리해도 될 것 같다.

3. 결어

 허혜숙 시인의 시집 『너울춤』을 일별해본 결과는 시인의 시법이 양극화에 잇대어 있다는 점을 결론으로 제시할 수 있을 것 같다. 허혜숙 시인이 양극화 시법을 알고 실천했건, 모르고 자신의 시로 제시했건 그것은 상관이 없다. 최고의 시는 다 형이상 시다라는 등식에의 충실이면 그것이 곧 결론이기 때문이다.

너울춤

2024년 7월 10일 인쇄
2024년 7월 15일 발행

지은이 / 허혜숙
발행인 / 박진환
펴낸곳 / 조선문학사
등록번호 / 1-2733
주소 / 03730 서울 서대문구 통일로 389(홍제동)
대표전화 / 02-730-2255
팩스 / 02-723-9373
E-mail / chosunmh2@daum.net

ISBN 979-11-6354-284-1

정가 10,000원

* 인지는 저자와 합의 하에 생략
* 잘못된 책은 서점에서 교환해 드립니다.